SOLUTION PROBABLE

EN 1852.

Faveur de la Religion, de la Famille et de la Propriété.

L'homme s'agite et Dieu le mène.

Je vous recommande ce dépôt sacré ; ayez en soin, la France vous en demandera compte un jour (ODILLON BARROT).

Madame, votre fils est mon Roi (CHATEAUBRIANT).

CONSULTATION POLITIQUE,

Sur les évènements laborieux que doit enfanter 1852,

PAR M. LOUIS THÉRON, JURISCONSULTE,

A VALS,

CANTON D'AUBENAS *(Ardèche)*.

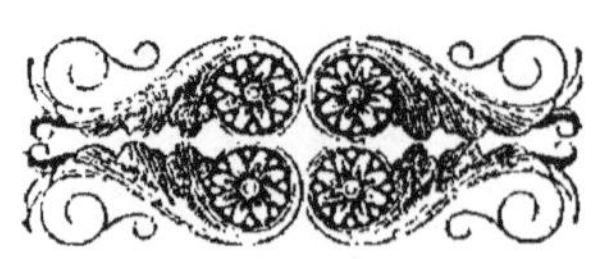

Aubenas, IMP. DE BONNEFOY.

AVANT-PROPOS.

Interrogé journellement par les personnes, qui depuis trente ans, m'accordent leur confiance dans leurs affaires civiles, sur les questions à l'ordre du jour depuis trois ans : Où allons-nous ! que deviendrons-nous en 1852 ! aurons-nous la République ! aurons-nous la Monarchie ! serons-nous dévorés par le socialisme ! serons-nous sauvés par la Légitimité ! aurons-nous l'Empire ! aurons-nous les d'Orléants !

Sans pouvoir pénétrer dans les desseins invisibles de la providence, nous pouvons cependant par la raison, par des probalités et enfin par les évènements nombreux qui nous arrivent depuis soixante ans, annoncer avec une espèce de certitude, que nous ne serons pas entraînés par le torrent qui nous agite, et que l'Eternel qui semble se jouer des mouvements de l'homme, ne nous aura pas plongé dans cet Océan de révolutions, de misères et de menaces continuelles, pour nous abandonner au moment le plus critique et le plus solennel, à la rapacité des suppots de l'enfer et à toutes leurs vengeances ; soyez bien persuadés, que la Divinité veille sur nous, et qu'à travers mille dangers, nous arriverons à bon port en 1852.

Mais qui suis-je moi ? pour vous annoncer cette bonne nouvelle ; fils d'un propriétaire travailleur, travailleur moi-même dans mon état, je n'ai jamais vu des rois, ni désiré d'en voir ; vivant au milieu du peuple dont je fais partie, je n'ai embitionné qu'une seule chose, de lui être utile dans toutes les positions où il peut se trouver ; défenseur par état de la veuve et de l'orphelin, de la religion, de la famille et surtout de la propriété ; j'ai dû rechercher par le raisonnement, un principe, à l'abri duquel, l'artisant dût être tranquille dans sa chaumière, le commerçant dans son négoce, l'ouvrier dans ces usines et ces occupations, le fonctionnaire honnête à sa place, le notaire à son office et le littérateur à ces occupations laborieuses. Ce principe, je crois l'avoir trouvé, ou plûtot, tout le monde le voit, l'indique, le désire, le poursuit, et pourtant n'ose l'aborder franchement, comme si le giron de la Légitimité, n'était pas la réconciliation universelle, le pardon général des injures, l'arche sainte qui doit sauver la France, et où chacun doit trouver sûreté et protection contre le déluge universel des maux qui affligent la société toute entière. Là je m'arrête et j'entre en matière.

L. T.

FAITS.

Un procès fut intenté en 89 , par le peuple Français , aux dîmes et aux rentes en la personne des nobles, du clergé et de la royauté ; ce procès dont le dénoûment fut l'assassinat juridique de l'infortuné Louis XVI , attira sur notre malheureuse patrie tous les maux dont nous subissons encore les fatales conséquences.

L'Empire avec son auréole de gloire , vint dissiper peu à peu les maux qui accablaient la France , et par l'ouverture de nos temples et les victoires sans nombre qu'il remporta sur les ennemis de son pays , ramena la justice et la tranquilité parmi-nous.

Les pertes que les guerres innombrables de l'Empire procurèrent à la France, l'obligèrent au repos. Du sein du conseil Européen, tenu sur le partage de notre chère patrie, sortirent les Bourbons pour venir cicatriser les plaies de la révolution et de l'Empire. Mais ces anges de bonheur, ne vinrent pas , comme les en ont accusé leurs ennemis , à cheval derrière les Cosaques du Nord ; ils arrivèrent l'olivier à la main , pour appaiser les ennemis de la France , empêcher son partage et nous faire jouir de quinze ans de paix , de bonheur et de prospérité.

Cependant la République et l'Empire n'avaient pas disparu du sol Français avec tous leurs partisans, l'opposition nombreuse et compacte, qui exista sous le nom de Libéreaux contre Louis XVIII et Charles X, jusqu'en 1830, en fait foi. A cette époque , tous les mécontents se joignirent à Louis-Philippe, et profitant du moment ou nos troupes étaient occupées à la glorieuse conquête d'Alger, firent surgir une nouvelle révolution, qui en plaçant sur le trône de France, le fils de Philippe Egalité, crurent établir la meilleure des Républiques.

Après des discussions fort animées entre le quoique et le parce que de Louis-Philippe, quelques épisodes révolutionnaires , comme les barricades de Lyon, les tentatives d'assassinat sur la personne de Louis-Philippe, le crime bien caractérisé du Duc de Bourbon, ce gouvernement étant devenu immoral , matériariste et usurier , ainsi que l'attestent les orgies des fonctionnaires , les assassinats et suicide d'un Pair de France et les ventes de diverses places publiques par un ministre, tomba enfin à la satisfaction générale, sous le poids des privilèges électoraux et des banquets publics.

La populace Parisienne accablée sous le poids d'impots exorbitants, excitée par les vexations sans nombre du gouvernement de Louis - Philippe, par l'appas des trésors de ce roi avare et fourbe, se porta en Février 1848, à tous les excès de sa rage et dans son délire enfanta la République, qui nous fut expédiée de Paris par le thélégraphe, qu'un ministre à qualifié de catastrophe, et que nous nous sommes tous efforcés de rendre bonne et durable, comme si elle portait dans son sein le principe de vie.

Cette République a été si loin dès son principe qu'il a fallu revenir sur presque tous les décrets qu'elle avait rendue dans son délire, bien plus une constitution a été péniblement élaborée et quoique la XVIe depuis 89 , je ne crains pas de dire qu'elle est la plus mauvaise, puisqu'elle contient une rivalité entre le pouvoir législatif et le pouvoir exécutif, la chambre des Représentants et le Président nommé par le même corps électoral, qui ne peut que dégénérer en disputes et en conflits continuels, ni ayant pas de troisième pouvoir pour le départager. Bien plus , elle décide même au milieu de mille imperfections, qu'elle ne pourra être revisée que d'après le vote des 3/4 des membres , comme si le 1/4 des représentants avait plus de bon sens et de lumière que les 3/4, ou plutôt comme si 1/4 des Français devait maintenir la République contre les 3/4, comme si enfin la minorité devait commander à la majorité.

Tels sont les faits succeintement rappelés dans notre consultation, pour faciliter les développements des questions que nous allons successivement résoudre.

MOYENS.

Trois causes principales , ont fait devier le char de l'Etat des rayons lumineux qu'il avait parcouru pendant quatorze siècles, avec tant d'honneur, de gloire et de profit :

L'Orgueil, l'Egoïsme et le Matérialisme.

Depuis 89 , ne voyons-nous pas, dans toutes les classes de la société, un orgueil demésuré de paraître au premier degré. Trouverez-vous, dans quelque position que ce soit, quelqu'un qui soit content de son sort, un ami qui vous dise, je n'ai rien à désirer, je suis au comble de mes vœux ; peut-être direz-vous ce désir immodéré de gloire, est une idée innée de l'homme, une de ces idées que nous apportons en naissant et que nous ne quittons qu'au tombeau. Sans doute, nous cherchons en naissant ce bien être qui nous élève au-dessus du besoin ; nous avons cette ambition de vivre heureux et tranquilles dans ce monde agité de mille manières ; mais autre chose, est cet orgueil démesuré qui nous porte à jalouser continuellement le bien, la famille et les honneurs de nos voisins ; autre chose est ce désir de parvenir honorablement au bien être, à la famille et aux honneurs que nous voyons autour de nous. Ne voyez-vous pas journellement des personnes hauts placées, comme de simples idiots, ne pas craindre de se livrer à toutes sortes de crimes, pour aller se pavoner dans les biens, dans la famille ou aux honneurs de son voisin et de son ami, comme s'il n'existait aucune règle de société, aucun frein de justice, comme s'il n'existait enfin, ni société, ni lois, ni famille ; malheur au peuple que l'orgueil conduit dans cet oubli fatal de sa religion et des lois de son pays, il sème dans l'injustice, il ne peut recolter, que dans la misère et dans les larmes.

Comment voulez-vous que le peuple malheureux et souffrant, puisse supporter continuellement devant ses yeux, ces paons de nouvelle espèce, qui dans toutes les occasions viennent briller à ses regards, l'accabler de mépris et faire le pendant à ses misères, comme s'ils étaient sortis de la cuisse de Jupiter? et n'est-ce pas le cas de dire, que depuis que tout le monde commande, personne n'obéit ?

L'égoïsme qui s'est glissé dans notre malheureux pays, au milieu de toute la société, nous fait le plus grand ravage. L'argent est devenu aujourd'hui le veau d'or que tout le monde adore, les honneurs ne sont plus rendues, qu'en raison de la fortune présumée de celui qui les reçoit; la vertu est tarifée au poids de l'or, et si une place bien retribuée devient vacante, tout le monde devient prétendant, tous sont capables de la remplir avec talent et exactitude, par cela seul qu'elle produit beaucoup, voulant improviser la science, comme on improvise l'argent ; et cette place qui devait récompenser le talent et la vertu, vient bien souvent doter un ignorant ou un fripon et ne produit à l'Etat, qu'un tas de mécontents qui le minent et un incapable pour le défendre. C'est je pense la lèpre qui dévore la France depuis un demi siècle et dont elle ne pourra se délivrer qu'en rentrant dans la Monarchie Légitime, parce qu'alors et alors seulement, chacun sera obligé d'obéir au Monarque ayant toute l'autorité nécessaire pour commander. N'entendez-vous pas dire continuellement et à tous le monde, de quel droit tel ou tel chef vient-il me commander ? est-il par hasard de nouvelle espèce ? ne sommes-nous pas en République ? tous les citoyens ne sont-ils pas égaux ? Et moi qui ai contribué à le nommer Député, Président de la République, etc., ne devais-je pas attendre une place qui me convient parfaitement et qui arrangeait ma fortune ? mais ou allons-nous donc , si tout le monde a droit de commander et si personne ne veut obéir ? n'est-ce pas le monde renversé , l'anarchie enfin, que nos démocrates semblent désirer avec instance et poursuivre avec acharnement?

Ne voyez-vous pas en ce moment ce veau d'or que la loterie des lingots expose aux yeux avides du public à Paris ? examinez cette foule de malheureux qui le passent en revue , n'est-ce pas l'égoïsme déifié ? la fortune au sommet de l'Etat, n'est-ce pas dire au public, la fortune est au hasard, vous pouvez l'obtenir sans rien faire, le travail n'est pas nécesaire, le hasard seul suffit ?

En voulez-vous une autre preuve? voyez cette multitude innombrable de malheureux, abandonnant leurs pays, leurs familles , pour aller chercher ce même Dieu en Californie, afin de jouir plus-tard de toutes ses faveurs ; ils ne pensent pas ces misérables, que les maladies, les fatigues du voyage et les difficultés sans nombre qu'ils rencontrent, les déciment tous et leur donnent la mort au lieu de la fortune.

Le matérialisme vient encore augmenter le malaise général de la société et nous pousser avec force dans une anarchie complète.

En effet, si l'homme oubliait sa création, l'auteur de la nature, son composé de corps et d'âme , son intelligence au-dessus des animaux, et se plaçant terre à terre avec les animaux immondes, vient disputer à la brute les plaisirs du corps ; que deviendrons sur la terre, la religion, la famille et la propriété. Le matérialisme ne supporte point de contrainte, il veut régner en maître ; rien ne résiste à ses envies, son impétuosité détruit tout, plus d'obstacles aux passions, plus de titres à la propriété, plus de liens de famille, plus de Dieu ; mais non, il y en a un, la matière, le cahos l'anarchie enfin.

Depuis que le voltérialisme s'est emparé de la France entière, depuis le règne en maître de Voltaire et de Jean-Jacques sur notre malheureux pays, que voyons-nous ? l'augmentation effrénée de tous les crimes, aucune sûreté pour les honnêtes gens, tout peut être prit, enlevé, détruit sans remords et sans dangers ; l'honneur, la propriété, la conscience même n'ont plus rien de sacré, tout devient la proie de cette bête féroce, le matérialisme.

La religion est attaquée par ce monstre honteux avec un acharnement indicible, et si elle pouvait disparaître , elle serait ensevelie depuis longtemps sous ses griffes ; mais non, plus elle est attaquée, plus elle paraît brillante et suivie, et plus elle est aimée ; voyez-vous ses conversions au catholicisme dans toute l'Europe, le rétablissement miraculeux du souverain Pontife dans les Etats de l'Eglise ; voyez-vous dans ce temps de Jubilé, combien nos églises sont fréquentées et nos Prédicateurs suivis et écoutés dans la France entière.

En effet, la religion n'est-elle pas, le *palladium* de toutes les libertés publiques, la consolation des affligés, la ressource des malheureux dans la charité ; n'est-ce pas avec elle que l'homme se complait dans sa sollicitude, dans sa vertu ; ne voit-il pas au bout de sa carrière la récompense de toutes les vertus qu'il a pratiqué de son vivant, ne doit-elle pas enfin devenir l'auxiliaire le plus puissant de tout gouvernement bien établi. Dans ce monde, le gouvernement qui n'a pas de religion à son principe, est comme l'homme qui ne connait pas ses douceurs, il ne vit pas, il est mort. Il faut convenir que depuis 89, que le gouvernement a voulu vivre sans religion, l'abandonnant aux simples particuliers, comme un meuble inutile, la poursuivant de railleries, au lieu de la favoriser, il lui a été impossible de marcher et de vivre; celui qui nest pas attaché aux vertus par la religion, ne peut les posséder longtemps, il est nécessairement versatile et changeant, et cette boussole lui manquant sur la mer orageuse de ce monde, il se perd infailliblement corps et bien ; si au contraire le gouvernement prend pour enseigne, cette lumière qui doit éclairer tout homme venant au monde et donne l'exemple de la pratique de cette maxime ; alors chaque citoyen se trouvant par principe attaché à toutes les vertus, deviendra même par religion, soumis aux lois de son pays et en sera le plus bel ornement.

Pour rentrer dans son état normal, la France a nécessité de se débarasser autant que posssible de ces trois monstres, qui la tiennent enlacée dans leurs griffes, pour la dévorer et la détruire entièrement, l'orgueil, l'égoïsme et le matérialisme et les remplacer par la famille, la propriété et la religion.

Pour arriver à ce but, la France à soif d'ordre, elle doit combattre le désorde partout ou il se trouve, et avec toutes les armes dont elle peut disposer ; nous allons essayer de les lui montrer afin qu'elle en ait plus facilement raison.

La Révolution de 89 et ses deux chères filles de 1830 et 1848, ont divisé le peuple Français en deux classes bien prononcées et ennemies l'une de l'autre, par position et par principe.

La Révolution de 89 avait puisé sa raison d'être dans

l'inégalité des classes. Les dîmes, les rentes et la féodalité, appanages ordinaires du clergé, des nobles et des fiefs, avaient précipité la nation Française, dans une impasse, dont elle ne put sortir que par les désordres les plus affreux, l'assassinat du meilleur des rois et enfin les guerrers de l'empire.

A suite de tant de désordres, la grande propriété à disparu du sol Français, la classe moyenne, aidée par les guerres de Napoléon, le génie de la France, et un commerce incessant, s'est considérablement accrue et à fini par envahir les trois quarts de la population Française, c'est cette classe que nous désignons par le mot de peuple *populus*, laissant aux proletaires la nomination qui leur convient celle de populace *plebs*.

Nous entendons donc par le mot *plebs*, cette partie du peuple qui comprend la classe nomade, ne possédant rien, ne vivant qu'au dépens d'autrui, ne travaillant que pour ne pas mourir de faim ; cette classe qui comprend les repris de justice, les démagogues de toutes couleurs, les socialistes émerites, les voleurs de Proudhom, les communistes de Cabet, les voluptueux de Considérant, les utopistes de Fourrier, les partisants du droit au travail, c'est-à-dire à ne rien faire, de Louis Blanc, enfin tous les frères et amis de l'Europe entière, portant pour drapeau la guillotine et pour devise la fraternité de Caïn. C'est là cette partie du peuple qui est désignée journellement par les députés de la montagne, comme appuyant leurs théories incensées, seulement ils ont soin de désigner ainsi tout le peuple, par confusion de mots, tandis qu'ils n'en désignent que le quart, heureusement pour la société.

L'autre partie du peuple *populus*, comprend non pas seulement la bourgeoisie et le commerce, mais encore toute la classe qui possède, celle qui a de la religion et de la famille, celle enfin qui se rend utile à son pays dans les armes, dans les diverses professions et dans les divers travaux de la campagne et des usines, ne demandant qu'à vivre en travaillant et à être utile à sa patrie, c'est la partie saine de la nation, celle qui résistera toujours à la tourbe révolutionnaire, celle enfin qui triomphera toujours et quand elle le voudra.

Eh bien ! c'est à cette partie du peuple *populus*, que je m'adresse, c'est d'elle que j'attends le triomphe de la vertu, des bons principes en 1852, c'est elle enfin qui doit s'entendre et faire sortir de son unanimité le gouvernement qui doit régir la France.

Hommes d'ordre et de gouvernement, permettez-moi de vous poser les questions suivantes et de les résoudre avec vous.

Voulez-vous une République modérée, un Empire, une Régence avec les d'Orléans, ou bien la Légitimité avec son principe de vie ?

La République que nos pères acclamèrent avec enthousiasme, ne procura à la France que deuil, misère et destruction ; celle que nous possédons aujourd'hui, suit absolument la même marche et produira les mêmes effets, si nous nous empressons d'en arrêter immédiatement le cours. C'est à la majorité de la nation à aviser. Eh quoi serait-il possible de maintenir en France une République sans républicains ; vous les chercheriez aujourd'hui avec la lenterne de Diogène, que vous n'en trouveriez pas pour former une compagnie : en effet, si nous les cherchons à la chambre des Représentants de la France entière qui en est l'image, que voyons-nous ? le parti de l'ordre qui la soutient comme un terrain neutre, ou chaque monarchie à son drapeau déployé, mais qui est entièrement convaincu de l'impossibilité de la conserver.

Et le parti de la montagne, les socialistes, les représentants de cette partie du peuple *plebs,* ne la rendent-il pas odieuse par tous les exès possibles, émeutes continuelles, écrits monstrueux, inventions abominables, barricades de juin, commités socialistes, organisation armée, rien ne leur coûte pour la détruire et rentrer dans le néant, l'anarchie enfin qui convient si bien à leurs passions et à leurs vengeances.

Hatez-vous donc de sortir de ce terrain neutre, qui peut s'écrouler sous vos pas, miné qu'il est par tous les partis. Mais ou irons-nous, à l'empire, ses partisans ont disparu du sol Français avec son chef, avec les militaires que la faux de la mort à moissonné et emporté dans la tombe ; c'est un fantôme de gloire que le soleil a dissipé, c'est enfin un règne que le chef à emporté en mourant. Deux Napoléon ne paraisssent pas dans le même siècle, et la France entière ferait-elle partie de la société du dix décembre et assiterait-elle aux revues de Satori, qu'elle ne pourrait pas ressusciter l'empire, un mort ne revient pas de l'autre monde, et son neveu entouré des Vaudrey et des Laity, ne saurait remplacer le grand homme que la France à perdu.

Si nous avions dû avoir l'empire, nous l'aurions eue après l'élection du dix décembre, alors que Napoléon était appuyé de six millions de voix et passait la revue des troupes d'élites sur lesquelles il aurait pu compter, et que le Général Changarnier qui les commandait, lui disait qu'il lui était aussi facile de faire un empereur que d'acheter un paquet de papillotes la veille du jour de l'an. Aujourd'hui on ne peut plus y penser, chacun voit que la prorogation des pouvoirs, le consulat ou l'empire réussiraient-ils, ce qu'on ne peut raisonnablement penser, ce ne serait que du provisoire et la France n'en vent plus, c'est certain.

Comment pourrait-elle supporter plus longtemps ce provisoire pire que la mort, ne savons-nous pas tout ce qui se passe depuis trois ans, n'avons-nous pas cinq cents mille hommes pour garder l'intérieur de la France et nous défendre contre les émeutes? sommes-nous délivrés de cette nuée de fonctionnaires publics à gros traitements, qui nous ruinent, sous le poids d'une centralisation contraire à toutes nos libertés, qui ne savent que nous créer des impôts ruineux et insuportables, tellement cramponnés à leurs fonctions, qu'une révolution n'a pu les en descendre. Voyons-nous dans ce malheureux temps quelqu'un qui soit à sa place, nos représentants même n'ont-ils rien à se reprocher? Les constituants ne furent-ils pas nommés pour nous débarasser de cette République, qui nous fait mourir de consomption, et ne l'acclamèrent-ils pas au contraire à leur arrivée à la chambre, par menace ou par peur, au lieu de la discuter et la faire disparaître, comme ne pouvant convenir à un Etat tel que la France par un appel au peuple? Etaient-ils envoyés aussi par le peuple, pour nous faire payer les 45 centimes dans l'année la plus désastreuse que nous ayons traversée, non sans doute, le peuple ne voulait pas se suicider. Et nos députés actuels, que font-ils depuis trois ans à Paris? ne semble-t-il pas, qu'ils y sont pour satisfaire leurs plaisirs et leurs petites passions, forts en nombre pour le bon ordre et l'intérêt général, ils deviennent faibles et incertains, pour obéir à une division de partis insencée et ridicule; ne savent-ils pas qu'ils ne doivent avoir en vue que le bonheur de la France, son unité, son commerce et sa force, ne savent-ils pas que cette division nous tue, en nous ruinant; ont-ils peur aussi d'acclamer un principe qui doit nous rallier autour du même trône; ont-ils oublié que ce principe à fait le bonheur de nos pères 14 siècles et qu'il peut le faire encore, que son représentant élevé dans l'exil, possède toutes les qualité nècessaires pour cela et se trrouve digne et capable de prendre et diriger les rènes du gouvernement de ses pères ; ne semblent-ils pas au contraire oublier entièrement dans les discussions des lois inutiles ou incomplètes l'intérêt de leurs pays, pour se livrer eux-mêmes aux plaisirs de la capitale et à la possession au moins inutile, si elle n'est dangeureuse des 25 francs par jour que le peuple leur paye péniblement et sans compensation aucune.

Voyons maintenant si les d'Orléans, soit avec la Régence soit directement, sont possibles en France.

On ne peut disconvenir que les princes de la maison d'Orléans, n'aient laissé en France de sauveurs honorables ; mais la mémoire de leur roué de père et de leur exécrable grand père, est encore vivace dans le pays ; la mort de Louis XVI, et les évènements malheureux de 1830 pèsent encore sur la France, et la honte de ce gouvernement d'intrigues et de corruption, qui vient de tomber, est encore présente à tous les esprits.

D'ailleurs ne faudrait-il pas avant, se mettre d'acord. Veut-on la régence du Comte de Paris avec la mère, l'uthérienne de religion et par suite suspecte à la religion catholique, et puis un enfant, une femme, pour défendre la société en péril, y pense-t-on sérieusement ? Veut-on la régence du Duc de Nemours, mais son impopularité le repousse ; et le Prince de Joinville le plus aimé, le plus capable, ne pourrait monter sur le trône, que par le suffrage universel, doit-on y penser ? c'est impossible.

Mais enfin raisonnons sur les d'Orléans et voyons d'où ils viennent, ce qu'ils sont et ce qu'ils pourraient faire.

Les d'Orléans ne peuvent revendiquer des droits à la couronne de France, que comme princes du sang, et comme princes, ils ne sont rien que comme Bourbons, tenant leurs titres de la branche aînée ; comme princes ils doivent donc appuyer le chef de leur famille, la Légitimité, comme simples particuliers ils ne sont rien, bien plus ils sont les petits-fils de Philippe Egalité et les fils de Louis-Philippe d'exécrable mémoire, et par suite repoussés du trône de France par la partie saine de la nation. Ils peuvent être bien convaincus que les honnêtes gens en France, les verraient avec peine monter sur un trône usurpé en 1830 par un tour de Robert Macaire, et s'emparer d'une couronne que leur grand père a traîné dans le sang et leur père dans la fange ; tandis que venant à leur tour comme princes du sang sur le trône de France, ils pourraient compter que les erreurs de leurs auteurs seraient oubliées par les vertus et les talents, qu'ils peuvent être appelés à faire briller encore sur leur patrie : pour se réhabiliter dans la nation, ils ne doivent plus parler de régence, de fusion, ni de droits, ils doivent seulement reconnaître les droits du chef de leurs famille , comme devant les devancer dans la hiérarchie des pouvoirs. La couronne de France qu'il ne sera facile, ni de prendre, ni de conserver, peut et doit leur revenir plus belle que jamais , ils n'auront point de peines ni de dangers à courir et n'auront pas moins le profit et les honneurs.

Ce point d'honneur dont il se bercent imprudemment, ne peut être encouragé, que par des amis compromis eux-mêmes dans le gouvernement de leur père, et qui craignent pour leurs actes; ils ne savent pas ces imprudents amis que

Tant de fiel n'entre pas dans l'âme d'un Bourbon.

Que reste-t-il de tous ces prétendants sémilégitimes, quelques ambitions froissées, quelques capacités présomptueuses , mais incapables de faire le bonheur de la France.

Venons donc de bonne foi à la vraie Légitimité, elle seule peut nous sortir de la position pénible ou nous ont plongé les évènements facheux qui nous accablent. Et qui a-t-il de pénible ? l'enfant que la France exila en 1830, est devenu homme fait, il a reçu une éducation distinguée, loin de la flaterie, il est doué d'après ces ennemis mêmes, de toutes les qualités qui font les grands rois, il a pour lui le droit, les qualités et la volonté d'un bon prince ; ne serait-il pas légitime que la France devrait pour ses qualités sublimes , le choisir de préférence à tous autres.

En effet, la providence ne le désigne-t-il pas depuis longtemps à la France d'une manière certaine ? rappelons-nous qu'il sortit du sein de sa mère après l'assassinat affreux du duc de Béri, par l'effet seul de la providence , et fut appelé par toute la France l'enfant du miracle , qu'il fut accompagné à la frontière par une commission , qui en recommanda le dépôt à son ayeul au nom de la France, que dans son exil, il éprouva une chute de cheval, qui sans l'effet de la providence, l'aurait infailliblement plongé dans le tombeau.

Il faut convenir que nous sommes bien aveugles, si nous ne voyons pas en lui le sauveur de la France, si nous ne voyons en lui le définitif que nous cherchons, l'épouventail des socialistes , le lien qui seul peut réunir et corroborer dans sa famille le principe de la légitimité, le faisceau de tous les hommes d'ordre , le triomphe de la religion, de la famille et de la propriété.

Mais tranquilisons-nous , il ne veut pas venir apporter la guerre civile dans sa patrie, voyez sa lettre du 23 janvier 1851, Il a été accompagné jusqu'à la frontière par une commission, il attend qu'une commission aille le chercher en exil, pour le ramener en France, et c'est bien juste :

qu'y a-t-il à gagner en France dans l'état ou elle se trouve aujourd'hui ; y a-t-il sur le trône de France, plus de roses que d'épines à cueillir ; ne peut-il pas avec la meilleure conduite du monde y trouver la mort comme son père, les Lauvels ne sont pas tous mort malheureusement, et le crime n'a peut-être pas encore dit son dernier mot. Mais ne savons-nous pas ce qu'il est, ces paroles (tant pour la France et par la France) retentissent encore dans tous les cœurs Français ; ainsi ce droit de Légitimité qu'il tient de quatorze siècles et de soixante rois ; cette France conquise par ses auteurs, civilisée sous leur règne, il ne la demande pas, il ne veut régner sur elle qu'autant que le droit national viendra sanctionner sa Légitimité, il veut que l'un soit greffé sur l'autre, afin que la majorité du peuple vienne l'aider dans l'administration pénible du Royaume. Il veut que la majorité du peuple vienne sanctionner ses droits ; ce sont ces intentions bien formelles du Prince, qui ont occasionné cette création nombreuse de sociétés du droit national qui bientôt enlaceront la France entière. C'est à eux à provoquer dans chaque département, la nomination d'un délégué, qui ne quitte plus le prince dans son exil, lui donne les nouvelles de son pays et lui serve de garde d'honneur, contre les assassins que ces ennemis implacables ne manquerons pas de lui suscister ; ce serait ainsi qu'il pourrait se croire au milieu de la France, et seuls ils pourraient le ramener un jour sur son trône usurpé, sans guerre civile et par la seule force des lois et des choses.

Cette monarchie est seule possible, les autces n'en sont qu'un simulacre ; celle-là seule est définitive. Revenez donc de bonne foi, vous tous qui avez encore quelque préférence pour telle ou telle famille. Votre patrie vous tends les bras, elle se meurt dans les étreintes d'une agonie pénible, elle est sur le point d'être déchirée par ces propres forces ; une classe impie et rapace, l'avillit et la ruine : soyons donc unis tous pour sa défense, qu'une organisation bien établie dans toutes les localités pour la défense de la religion, de la famille et de la propriété, veille jour et nuit au maintien de l'ordre et prête secours à l'autorité, à la force publique et à la loi ; et la France est sauvée, soyez en certains, la force publique sera immensément forte, lorsqu'elle pourra s'appuyer sur un million de citoyens au moins, bien armés et bien approvisionnés pour l'aider, bien plus pour la devancer même, en travaillant au maintien de l'ordre sur tout le territoire Français : *Si vis pacems, para bellum.*

CONCLUSION.

Je demande donc, qu'il plaise au tribunal de l'opinion publique, en la personne des Représentants de la France.

Vu les ravages occasionnés en France par les révolutions de 1789, 1830 et 1848.

Les attaques continuelles contre la religion, la famille et la propriété, par l'orgueil, l'égoïsme et le matérialisme.

L'anarchie et le cahos, dans lequel, la partie du peuple appelée *plebs* par les Romains, voudrait nous plonger corps et biens.

Attendu que la République ne saurait existcr en France sans républicains, que d'ailleurs cet état précaire et provisoire est pire que la mort.

Attendu que l'Empire ne peut revivre de ces cendres, que deux hommes comme le grand Napoléon ne peuvent paraître dans le même siècle, que la prolongation des pouvoirs du Président ne pourrait que continuer un provisoire qui finirait infailliblement par nous conduire au socialisme le plus éhonté, soit que Louis Napoléon transmit ses droits à sa famille, soit qu'il fut entraîné par le torrent révolutionnaire.

Attendu qu'une Régence ne peut convenir à la France sous aucun rapport, surtout dans l'état actuel des esprits ; que les d'Orléands ne peuvent être de quelque utilité pour la France que comme princes, et qu'en cette qualité, ils ne doivent venir qu'à leur tour sur le trône de France.

Confectionner immédiatement une loi électorale à deux degrés, dont la base soit à la commune et le sommet au chef-lieu du département, ou chaque électeur soit obligé d'écrire lui-même, ou de faire écrire par un électeur de confiance, son vote, dans la salle des élections, ou tous les citoyens soient admis sans aucune exclusion et sans aucun égard aux lois antérieures en cette matière.

Ordonner imédiatemement que le corps électoral sera convoqué dans chaque commune et que chaque électeur déclarera sur un registre à ce destiné, s'il veut la République ou la Monarchie, et dans ce dernier cas, voir choisir la Monarchie Légitime, comme la seule qui puisse maintenir en France, la paix et le bonheur dont nous avons le plus grand besoin, et ferez justice.

Vals (Ardèche), *le 1ᵉʳ Juin* 1851.

THÉRON, avocat.